TAXIDERMIA

Taxidermia

© Del texto: Stella Manaut Roca
© De la corrección: Stella Manaut Roca
© Del diseño de portada: José Luis Baz
© De esta edición: NPQ Editores
www.npqeditores.com
edicion@npqeditores.com

Primera edición: febrero, 2026
Impreso en España

Los papeles que usamos son ecológicos, libres de cloro y proceden de bosques gestionados de manera eficiente.

ISBN: 979-13-87868-75-8
Depósito legal: V-262-2026

TAXIDERMIA

Stella Manaut

*Todos los que me quieren
saben que yo también les quiero*

Este poemario no lleva prólogo, pues quien te prologa (a veces forzado por la amistad), no tiene más remedio que hablar bien de ti y del libro. Tampoco lleva "citas". Son facilonas. No hay más que bucear en el señor Google.

TAXIDERMIA

ESTÁ COMPUESTO
POR TRES MOMENTOS VITALES

I. Amor, versus desamor
II. Transición
III. Lo efímero

I. AMOR, VERSUS DESAMOR

MIENTRAS DUERMO

Las horas pasan
como campanas tañidas
por manos absurdas;
caen sobre los hombros mustios
y van tejiendo sombras de duda
alrededor del cabecero de mi cama.

Horas que son preludio
de un futuro decadente;
garras de un tiempo que camina,
inexorable,
hacia el campo de lo efímero.

Desgrano los segundos
para que me duren
y los voy guardando
en mi caja de remansos,
no vaya a ser que los necesite,
todos juntos,
para alargar
las tardes junto a ti.

SANGRE VIVA

Puedo atesorar un millón
de diminutos cadáveres
en mi vientre no fecundo
y llorarlos
como viejos abortos
diluidos
en la sangre
de la remota sangre.

Puedo convertirme
en un dolor profundo
de madre perdida,
remando hacia adentro,
para no salpicar.

Sin embargo, mi sueño
se retuerce todavía.

MILUNARIO

Tu reloj de copos de viento
se manifiesta bajo la madera de boj
como un relevo interno
diluido en la opacidad
disyuntiva del tiempo.

Serás un dolor reprimido
en la dura nada,
un fugaz resucitar de sensaciones
cubiertas por las inestables manos
de mil lunas ecuestres.

SIN PERMISO

Llegó a destiempo.
Lo recibí sin preguntar.

No hay un ¿porqué?
ni un ¿hasta cuándo?
ni una efimeridad razonable.

Llegó
atravesando la falsa puerta
de mi incertidumbre.

Sentí miedo,
pero no retrocedí.
Sin darme cuenta,
me quedé,
de nuevo,
sola frente a la vida.

Ámame con la incerteza,
con el desasosiego.
No me quieras
encerrada en un cajón.

EL TIEMPO DE LOS SAUCES

Si te mortifica
el tiempo de los sauces
en tus descalzas ventanas,
si no sabes si el viento
susurra en tus zapatos,
es que tu alma
cabalga hacia el ocaso
de la mano de huecas cabezas,
es que tu aliento se ha dormido
en las ramas del tiempo
y por los cauces de tus venas
solo corren mareas de hiel.

Entonces,
déjame,
no intentes transformar
en un gesto árido
mi sonrisa.

Sin saberlo
has llenado todos los resquicios
de mis días sin ti
presintiéndote,
reclamándote.

SEDIENTA

No volveré a probar
el pañuelo del adiós
en los raros segundos
de un mundo turbulento.

No me sentiré ajena
al agua fría y delgada
en las orillas
del ciclo de la vida.

Ni siquiera
el zumo de los años pasados
calmarán
mi sed en tu delicia.

MUJER SIN ALMOHADA

Viérteme en el cenit de tu crepúsculo,
invéntame nuevas latitudes,
deja que penetre
en la ultratumba de tus bolsillos
desnuda, despojada de piel.

Dime cómo gime una brizna de rocío,
méceme en los surcos de tu duda,
acaricia mi esencia de mujer sin almohada
consciente de un ayer de mariposas.

La carne, sudorosa,
se derrama en estrellas.
El deseo te abrasa.
Imagíname en ti.

EL HILO INVISIBLE DEL SUEÑO

Sígueme hasta el abismo
de las remotas sensaciones.
Juntos encontraremos
el camino
de las galaxias inventadas.

No sueltes nunca mi mano
porque me perdería
en un reguero de frágiles
emociones;
un rastro de amargura
del que nunca podría salir
sin el apoyo de tu aliento:
ave desenfrenada que aletea,
incesante,
en un cerco de estrellas difusas
donde moran las almas
de los que no están,
pero siguen atados a nosotros
por el hilo invisible del sueño.

SOMBRA

Humíllame los posos del recuerdo,
mariposa de inconstantes atardeceres.

Deslúmbrame la ropa de los sueños
con el sigilo de una sombra olvidada.

Espérame, desnudo de añoranzas,
bajo la copa de un árbol de secas raíces.

Desincrústame de tu día a día
pero nunca olvides que existo.

ALAS DE CIGÜEÑA TARDÍA

En noches absurdas
de retales de versos
te esperaré,
escondida,
tras la tercera nube a la izquierda.

Si subes hasta mí
con tu escalera de hielo,
cerraré la ventana de aire
con un sonido seco.

Pero si te acercas
desplegando tus alas
de cigüeña tardía
—en el gesto la inocencia
de un beso escondido—
te regalaré un algodón de azúcar
sonrosado por el sol de la tarde.

MI BRÚJULA

Viajera incansable de vivencias,
no quiero renunciar
al peregrinar
de gozosos encuentros
mientras los años
me concedan el espaldarazo
que me permita avanzar
sin perder la brújula
que marca mi norte.

AMISTAD

Dame la mano
y de crisálida opaca
te transformaré
en mariposa de sol.

Regálame
una palabra dulce
y lloverán en tu espalda
miles de edelweiss.

Dame un beso en la mejilla
y volarán
encendidas luciérnagas
en la noche sin luna.

Regálame tu amistad
y te escribiré
un camino de nenúfares
para hacerte feliz.

CORRÍGEME

Corrígeme si no veo en tu mirada
el destello de luz
de los besos escondidos.

Corrígeme
si no siento,
en tus manos,
la hermandad con las mías.

Corrígeme,
pero no lo hagas antes del alba
porque la noche guardará
el secreto de tus palabras
y mi llanto,
si me abandonas.

Tu cabeza en mi hombro
con la tibieza de plumas
desconcertadas.
La almohada de mi piel,
recibiéndote,
acunándote.

COMO NIÑA DE MAYO

Como niña de mayo,
te sueño:
la añoranza a flor de espera;
el vértigo de los sentidos
latiendo en oleadas de sol.

Como niña de mayo,
te presiento:
la ilusión reverdecida
en las esquinas de mi piel,
navegando por mis cauces.

Como niña de mayo,
te espero:
la eternidad de un segundo
en el ansia de las horas
que ya viven tu aliento.

¡De nuevo niña de mayo
en mis años gastados!

MANOS HUÉRFANAS

Nuestras soledades
se inundan de palabras
que van llenando vacíos remotos;
esas rendijas
que nunca llegaron a abrirse.

Ahora tú,
con tus huérfanas manos,
tiendes ante mí
una alfombra dorada
para que la pise,
despacio,
titubeante;
para que me atreva
a saltar la barrera
de la incertidumbre
y la recorra,
sin pausa ni sosiego,
hasta alcanzar
la puerta de tus brazos.

Que no escapen sensaciones;
que no se deshilachen
las plumas del recuerdo
sin haberlas calentado
antes con tu aliento.

INCIERTO FUTURO

¡Me soñé tan joven
absorbiendo caricias
en la penumbra
de tu alcoba!

Mi cintura,
reduciéndose;
mis pechos,
a la medida de tus manos;
mis muslos,
recuperando
tersuras de infancia.

¡Me soñé tan joven
en el olor de tu piel!

Si te desapareces,
¿quién me va a salvar,
de esa vejez
que se avecina,
implacable?

¿Quién me va a
reclamar
como el más dulce regalo?

Tendré que resignarme:
¡nunca renaceré
en otros brazos!

MAÑANA

Mañana, me dices,
y por el gesto diluido de tus ojos
sé que mañana habrá otro mañana
y, luego,
otros mañanas,
hasta la infinitud del tiempo.

Nunca recuperaré
los momentos de felicidad
que se esfumaron
como alcohol en botella abierta.

Mañana, me dices...
Y es tanta mi duda
que no tendré más remedio
que comprar un tiesto de albahaca
donde enterrar tus muertas palabras.

Cada vez que nace
una brizna de amor
subyace,
latente,
el temor a perderla.

FUGACIDAD

Me creo y me recreo
por cauces y afluentes
donde emergen
islas de sonrisas
y llantos de bebé.

Pasa el oro del tiempo
y observo,
desde mi atalaya,
cómo me crecen
y se multiplican
esos hijos que,
a su vez,
traerán otros hijos que,
a su vez,
traerán otros hijos que,
a su vez...
Idea de eternidad
en lo efímero del tiempo.

LAS BALDOSAS DE LA LUNA

Desaparece un amor
y se derrumban los pilares
que mantenían erguido
el edificio de la entrega;
se arranca,
chirriando,
la chincheta del deseo.

Desaparece un amor
y la luz se estremece en
la frágil cima del aire y,
en las baldosas de la luna,
se voltea,
rechinando,
el calcetín del tiempo.

PLURAL NOCHE

Diáfano como nube de verano,
siento que te alejas
de mi barco de espuma
con un leve crujido
de la vela mayor.

Cual gaviota errante,
te dejas arrastrar
por el viento,
inmerso en la noche plural
de las pasiones escondidas.

No eres más que un punto,
una cabeza de alfiler,
el grano más pequeño
en la tierra de mis tiestos.

RECONVERSIÓN

Mientras intento renacer
dejo que mi mano se deslice
por el tobogán de esta hoja en blanco
en espera de que afloren
esas sensaciones placenteras
que se esconden
tras el vértigo de mi
YO.

II. TRANSICIÓN

METÁFORAS DESAJUSTADAS

En atardeceres de verano,
los molinos de viento
doblan atmósferas
de demoníacas noches
y balcones con ropa tendida.

Se hurtan metáforas
en el ardiente amanecer
y las agujas de un reloj desvencijado
juegan al escondite de las horas.

DIOS, MULTIPLICANDO ESPERAS

La anatomía del grito
en la fecunda vivacidad de lo no escrito.

La voz inerte de la espera
prendida con alfileres
de un futuro de orquídeas.

Palabras que deambulan
por el istmo de los segundos,
llenando vacíos
de metrónomos olvidados.

Dios, multiplicando esperas
en el equilibrio inestable
de la fe dormida.

CRUCE DE CAMINOS

La caverna dulce donde me encuentro,
rotundamente diluida
en el mar de diarias contrariedades,
no es más que el sedimento
de caminos inventados
donde me cruzo con almas errantes
que se acercan a mí
pero tan solo me dejan
la emoción
de un leve roce
en el agua turbulenta de mis días.

Repliégate en la nada,
columpia sensaciones,
vive el infinito,
despacio,
sin perderte en tu esencia.

CHOCOLATERA DE BARRO

Cuando tu corazón se cierre a la espera
y se te mueran
los pétalos de absurdas orquídeas,
se removerán
recuerdos insolentes
en tu chocolatera de barro.

Intenta no enloquecer en tus raíces
porque el tiempo rebota
por los altares de la vida
dejando un poso de fango,
negro y espeso,
en el cuenco de la memoria.

SIEMPRE EN EL AIRE

Morimos,
despacio,
en soledades sin eco.

Preñamos los caminos
de huellas erráticas,
salpicadas de llantos
y tenues sonrisas.

Nos balanceamos
en la cuerda floja
de la duda,
sin tiempo para el beso
y para el juego.

POCA COSA

Aceptar el futuro
con un grito en la mano,
saber que nada importa.

Afrontar la quimera,
deshacerse de mitos,
disfrazarse de niña.

No pensar el presente.
Dejarse llevar.

Cada día un poema
para que no se apague,
en ausencias,
la llama de tu amor.

DESCOMPLICIDADES

No fue aquella noche,
ni el rictus latente de la nube,
ni siquiera el sinvivir de un todo exhausto.
Fue, simplemente,
el desamor del amor
esculpido a cincel y martillo
en el libro de los tiempos ausentes.

EL ABISMO QUE TE ABISMA

No espero que luches por recuperar
mi esencia.
Te entregas,
sin paracaídas,
a un abismo que te abisma;
permites que te atrape el vértigo del vacío.
Ahora,
ya hoy,
tendrás que vivir,
en soledad,
tu cupo de vida.

NUESTRO AYER

La pesada carga de nuestro ayer
cabalgará siempre a tu lado.
Harás comparaciones
y constatarás,
que aunque roces una piel más jugosa,
jamás podrás recuperar
ni un atisbo
de lo que yo te ofrecí,
en recipiente de oro,
y no has sabido defender.

MI SINDOLOR

Desde mi sindolor,
te auguro el quizás
de una nueva ninfa
que apenas será un punto
en el aura de mi sombra.

NUESTRAS COMPLICIDADES

Se escabullen,
sin posibilidad de recuperarlos,
esos viajes
que ya nunca compartiremos,
esas tardes de amor;
nuestras complicidades.

Mientras vegetas tu vejez,
yo recibiré el almidón
de otros cuerpos
rozando mi anatomía.

Sin mi lado de mujer,
eres nada:
indefenso,
irresponsable,
sobreviviente.

Yo me salvo;
no te preciso en mi día a día.

Perro faldero
que esperas,
silente,
una caricia,
un gesto
que te invite
a comer de mi mano.

UÑAS DE HIERRO

Paladas de pasión
esparcidas
por el estercolero del tiempo
girando,
sin respuesta,
en un eterno tiovivo.

Arranco,
con uñas de hierro,
un resquicio de besos
que se marchitaron
en tu huerto de deshechos.

Para estar junto a ti
no tendré más remedio
que buscar la más fina aguja
en el pajar indolente de tu piel.

Si tiras del hilo
y se rompe
en tus manos,
ya no servirá
para tejer
futuros.

ASÍ ES LA ESPERA

Al borde de esa edad,
rotunda,
donde apenas queda
un resquicio de fe,
deambulo por la ciudad
husmeando,
como perro callejero,
un rayo de sol
con el que calentar mi aura.

NO TE ACOSTUMBRES A MÍ

No te acostumbres a mí.
Soy ave errante
aferrada al pálpito de los años.

Lo que hoy te parece
plácida convivencia,
mañana se difuminará en cenizas
que habrás de depositar
a los pies de mi naranjo.

Aleteas tu soledad
sembrando
llantos de piel
en la sombra de mis pájaros.

MINTIÉNDOME

Con una sombra difusa en mis párpados,
un toque de rímel en las pestañas,
crema hidratante por mi ajada piel;
unas medias de oprimir varices,
pantalón de licra
y la chaqueta comprada
en el montón de lo usado,
tomo el bolso repleto de objetos inservibles
y salgo a la calle en un afán
de engañosa juventud.

Dios, saltándose los deberes.

A VECES ALGO NOS CONFORTA

Con una migaja me conformo;
una sonrisa enmascarada
tras la sombra de tu bosque;
una mano presentida
en el vacío de mis noches.

Es tan pequeña la migaja
que te pido
que temo se me disipe
el susurrar remoto de tu voz
prendido con alfileres de futuro
en la esquina del olvido.

BRIZNAS

Somos campos
de atardeceres,
motas de polvo que,
pronto,
serán pavesas.
Las casas en que vivimos
acogerán nuevas sonrisas;
otros llantos.
Habremos muerto
y, sin embargo,
algo nuestro quedará
en lo más recóndito
de un armario,
en las paredes
del dormitorio,
en el baño,
por el suelo;
en los techos
y en las baldosas.
Briznas
infinitesimales
de nuestras pieles,
de nuestros cabellos,
serán testigos
del mañana;
Nos harán
eternos
en un silente ADN.

CAJA DE REMANSOS

Las horas pasan
como campanas tañidas
por manos absurdas;
caen sobre los hombros mustios
y van tejiendo sombras de duda
alrededor del cabecero de mi cama.

Horas que son preludio
de un futuro decadente;
garras de un tiempo que camina,
inexorable,
hacia el campo de lo efímero.

Desgrano cada segundo
para que me duren
y los voy guardando
en mi caja de remansos,
no vaya a ser que los necesite,
todos juntos, para alargar
las tardes junto a ti.

OTROS CAMINOS

La caverna dulce
donde me encuentro,
rotundamente
diluida en el mar
de diarias contrariedades,
no es más que el sedimento
de caminos inventados
donde me cruzo
con almas errantes
que se acercan a mí
y tan sólo me dejan
la emoción de un leve roce
en el agua turbulenta
de mis días.

Día vencido:
un paso más
hacia la nada.

SOMBRA Y NUBE

Ayúdame a caminar
en la penumbra del futuro,
porque me estoy haciendo
sombra y pronto
seré nube.

Ayúdame a vivir
estos años de prestado
con mi mejor cara
y un lastre de recuerdos.

Ayúdame a morir,
poco a poco,
sin que yo me entere,
pero sensible
al estremecimiento
de las caricias.

III. HACIA LO EFÍMERO

PARALELISMOS

El tren
que corre por mis venas
va dejando,
atrás,
estaciones de duda
y dolores incrustados
en las traviesas de tiempo.

Los raíles de hierro
de la memoria
corren paralelos,
sin nunca encontrarse,
hasta que,
finalmente,
desemboquen
en un campo
de margaritas blancas.

SOLEDAD

Morimos,
despacio,
en soledades sin eco.

Preñamos los caminos
de huellas erráticas
salpicadas de llantos
y tenues sonrisas.

Nos balanceamos
en la cuerda floja
de la duda,
sin tiempo para el beso
y para el juego.

UN CAOS DE BESOS Y CALENDARIOS

La vida acaba siendo
un caos de besos
y calendarios
por donde nuestros pies
van hollando
adoquines gastados.

De nuevo
de puntillas
sobre la vida.

EL SILENCIO

Deambulamos cargados
con una vieja mochila
rebosante de nostalgias.
Incluso el silencio
resulta demasiado
fuerte.

LAS RODILLAS DEL OTOÑO

Nos hacemos grises.
Nos habitan ausencias
sentados
en las equívocas
rodillas del otoño,
allí donde se juntan
todos los vértigos.

OCASO

Los años se suman en desbandada.

Sin pedir permiso,
se te cuelgan
en la calavera de los desvanes.

La vida se escapa con envidiable
tranquilidad.

No existen trámites,
ni dudas.

Te crujen los rincones
de los huesos;
los vértigos se juntan
con un descaro
fuera de toda lógica.

En la soledad de tu soledad
recuperas besos olvidados
con un gesto
de tarde de domingo.

Rosas absurdas
que huelen a muerto
y tejen desconciertos
en el olfato.

EL IRREVERENTE PASO DE LOS AÑOS

Si alguien hubiera leído mi futuro
en los posos del té de las cinco,
si me hubiera dicho
que seguiría un camino batallador
sin mirar atrás,
que mordería los sentimientos
para que no me devoraran,
que me haría mujer
en un mundo de hombres,
sin duda,
le habría tachado de escéptico.

Ahora,
en la cuesta empinada
de mi descenso,
sé que los posos del té
no mintieron.
Jamás me rompí en ausencias,
mordí
mil veces
los sentimientos,
me hice mujer
en un mundo
dominado por los hombres.

También sé que
seguiré luchando
con la complicidad

de los rumores artríticos de mis huesos,
de las atrofiadas neuronas de mi cerebro,
de las cataratas secas de mis ojos
y esas irreverentes arrugas
que no me pertenecen.

OQUEDAD

La vejez se ha de vivir
mirándose a un espejo cóncavo,
sin respirar,
sin esquivar los ojos,
sin esos miedos que se esconden
bajo los pañuelos del viento.

LIMOSNAS DE MENTIRAS

Aunque mendiguemos
limosnas de mentiras
la soledad
se hace demasiado intensa;
se nos escurre entre los dedos
en briznas de tristeza.

Todos los días
vivimos
el último segundo
del presente.

LOS AJADOS BOLSILLOS

Sin dudar,
hemos de recorrer
el resto del camino
con una pizca de malicia bajo el brazo,
una risa contrahecha en los ajados bolsillos
y un código de barras donde mitigar el miedo
a un futuro lúgubre y metálico.

SOLOS ANTE LA NADA

La vida es un viaje de noche desolada,
de luz cansada,
donde mecen sus ramas
los árboles de pactada quietud
y la lluvia muere en un triste patio.

Sin pacto previo,
los recuerdos se deslizan por calles
de fantasmas dolientes
donde se juntan todos los vértigos.

El ruido es un caos de besos y cuchillos.
Estamos solos frente a la nada.

EL AZOGUE

¿Quién me va a salvar
de esa vejez
que se avecina?

Tan sólo
el implacable azogue
me dirá una
verdad
que no quiero
escuchar.

El jarrón de flores secas
y los años,
hilvanando memorias.

EL PESO
DE MIS MUERTOS

SE NOS PEGAN, INMISERICORDES

Los muertos se nos trepan
sin permiso:
furtivos deshechos de polvo cohabitado
que se esparce,
en confusa sima,
por la alacena de la memoria.

Son ya tantos,
que el saldo negativo me estremece;
me sumerge,
sin piedad,
en el pozo esperpéntico de la sangre,
enturbiando rumores del pasado.

Cada día un cadáver que se suma,
inmisericorde,
al resumen de huesos momificados.

No tendré más remedio
que asirme,
con garras de rapaz,
a un rumor de presencias desconcertantes.

ESQUINA DE ESPEJISMOS

En el vértice
de una sombra de nube
descubro tu imagen,
siempre viva.

En cada rincón del tiempo,
en cada vuelta incesante del reloj,
presiento tu olor,
el tacto de tu piel.

En la noche inaudita
de mi vigilia
te siento en mí.

LOS SUEÑOS

Te revivo con la independencia de mis sueños.

De nuevo parte de mis días,
de mis ritos y mis sombras.

Luego, a la mañana,
en la nebulosa del despertar,
recuerdo que has vuelto a mí
en un instante de la noche.

Sé que me has acompañado
al doblar mi esquina de espejismos
y que, aunque no estés,
quedó tu huella en mi limbo.

SOMBRAS PERDIDAS

Del cajón
de las sombras perdidas
sacaré el recuerdo
de tus pasos.

Si profundizo más,
quizá me enrede
en el sedimento
de años evaporados.

RESCOLDOS

Esa sima de vacío tenebroso
que se esconde en la risa de los espejos
con que mitigo
el paso de los segundos
sin tenerte.

Esa nostalgia
de agua helada
que se funde en las cuevas de mis noches
con que distraigo
el paso de los días
sin sentirte.

No son más que el rescoldo
de mis resecos ovarios,
de mi matriz, ya inútil;
el saber que tan sólo podré revivirte
en algún sueño fugaz
donde mi piel
todavía recuerde la brasa
de tu piel.

El calor de tu voz
aun vibra en el recuerdo.
Soy el recipiente que guardará
la armonía de su eco.

TE ME DESAPARECES

Se empalidece tu imagen
en mi memoria,
en mis vigilias,
y mis sueños.

Se empalidecen las fotografías
que jalonan mi despacho.

Tu cara,
más pálida,
tu barba,
blanqueada por la intensa luz.

Envejeces,
aun desaparecido
y se te suman años
a un pasado
que no pudo ser futuro.

*La congoja por mis
muertos
se enardece en la
irreverencia del sueño.*

IMPUGNO MI DERECHO DE HERMANA

Manos decrépitas,
estrechas rendijas tus ojos;
la mente,
¿en qué huerto perdido?
Casi ni sombra eres.

¡Espera un segundo!
¡Guárdame un resquicio de vida,
lo justo para que vuelva
a reír contigo!

Me debes una hebra de espejismo
antes de marchar.

Impugno mi derecho
a no tener que recordarte
en tu última estancia.

SIN PASADO NI FUTURO

Se le perturba el cuerpo;
se le multiplican
soledad y aburrimiento.
La mente se le reduce.
Para él no hay pasado,
ni futuro.
Mi hermano
es ya "casi nada".

Le miro y siento
que un dardo
se clava en mi hígado,
que una flecha emponzoñada
me atraviesa el corazón;
una garra me oprime
la garganta hasta ahogarme.

Esa parte imprescindible
de mi vida
se empeña en lanzarse
a un viaje sin retorno,
desea que su alma deambule
sin rumbo,
que la sangre deje de fluir,
todavía empujada por un corazón
de oxidada maquinaria.

¡No lo consiento!
Es mi único asidero al pasado,
mi referente de infancia.

Si se va,
dejaré de ser niña,
para convertirme en isla.

ÍNDICE

III. HACIA LO EFÍMERO   67